Alfred Baur

Bli-bla-blu

Reime, Verse und Lieder,
die bei Kindern Freude am schönen
Sprechen wecken wollen

Mit 24 Melodien
von Erwin Schaller

J. Ch. Mellinger Verlag

Dieses Buch wurde klimaneutral gedruckt
und trägt dazu bei Treibhausgasemissionen
durch zusätzliche Klimaschutzprojekte zu
kompensieren.

Die erste und zweite Auflage von »Bli-bla-blu« erschien
1972 und 1976 im Novalis Verlag, Schaffhausen

10. Auflage 2022
© 1984 J. Ch. Mellinger Verlag GmbH, Stuttgart
Alle Rechte vorbehalten
ISBN 978-3-88069-061-5
www.mellingerverlag.de

Liebe Mütter, liebe Großmütter, aber nicht zuletzt liebe Väter und Großväter und Ihr alle, welche Kindern etwas Liebes erweisen wollt!

Die Sprache ist das Wertvollste, was man Kindern auf den Lebensweg mitgeben kann. Eine schöne Aussprache, ein ausreichender Wortschatz sind ein Kapital, das nur in früher Kindheit angelegt werden kann und das ganze Leben hindurch reichlich Zinsen trägt. Zugleich befähigt ein gediegenes Sprachvermögen zum Allermenschlichsten, das wir haben, denn nichts kann uns mehr miteinander verbinden als die Sprache.

Die hier gesammelten Gedichte eignen sich für Kinder im Alter von drei bis zehn Jahren. Sie entstanden in meiner täglichen Berufsarbeit mit Kindern, die Schwierigkeiten haben, das Sprechen zu erlernen. Da brauchte ich zu jeder Gelegenheit ein Sprüchlein, um einen Laut oder eine Lautverbindung einzuüben. Da ich derartiges in der Literatur nicht vorfand, musste ich, so gut ich eben konnte, selber eines machen. So blieb ich immer in Übung.

Selbstverständlich werden Sie dadurch, dass Sie Ihr Kind die Sprüche nur nachsagen lassen, keinen Sprachfehler beseitigen können. Sollte es aber wirklich die Laute fehlerhaft aussprechen, dann nörgeln Sie bitte nicht herum, sondern wenden Sie sich an berufene Leute, die man heutzutage schon an vielen Orten findet.

Die Anordnung der Sprüche trägt noch die Spuren ihrer Herkunft. Sie sind, wie man aus dem Inhaltsverzeichnis ersehen kann, nach Lauten und Lautverbindungen geordnet. Am Anfang befinden sich ein paar recht einfache für die Kleineren, am Schluss solche, die sich nicht im obigen Sinne einordnen ließen.

Im Anhang des Buches sind Noten beigegeben, die von Erwin Schaller stammen. Er ist Komponist und gründlicher Kenner des alten Liedgutes. So schlicht, wie er die Weisen zu den 24 Reimen gestaltete, entsprechen sie dem musikalischen Empfinden des Kindes. Rufterz und Reste der pentatonischen Tonleiter sind reichlich vertreten. Der Tonumfang umfasst zumeist nur Quinte oder Sext, sodass die Lieder leicht zu singen sind. Das Kind wird beim Singen vom Element der Sprache wie der Musik gleichermaßen berührt, sodass schönes Sprechen und sauberes Intonieren zusammen gepflegt werden. Viele Kinder wagen nicht, mit der Stimme hervorzutreten, andere wieder schreien aus vollem Halse. Den rechten Ton zu finden ist nicht immer leicht, aber ein Melodieinstrument kann dabei helfen.

Sicherlich freut es Kinder, wenn man ihnen vorliest, aber die Sprüche erfüllen ihren eigentlichen Sinn, wenn sie von den Kindern selber gesprochen werden. Am besten so: Der Erwachsene spricht schön artikuliert und rhythmisch vor, und das Kind sagt es nach.

Man sollte vor dem 7. Lebensjahr noch nicht auf Auswendiglernen drängen, weil man mit dem Belasten des Gedächtnisses den Kindern die Lebenskraft und die Phantasie verdirbt. Selbstverständlich stiftet man keinen Schaden, wenn trotzdem durch das oftmalige Hersagen ein Gedicht auswendig gelernt wird, doch sollte man es nicht wie einen Schulstoff abfragen.

Die Sprüche wenden sich überhaupt nicht an den Intellekt. Darin liegt es gerade, dass sie solche Freude am Sprechen wecken. Das Spiel mit den Lauten kommt dem kindlichen Trieb entgegen, mit ihnen ebenso zu spielen wie mit fließendem Wasser oder bunten Steinen. Einige Sprüche sind so beliebt geworden, dass sie von Geschwistern und Nachbarskindern übernommen, im Kindersingsang sich weiterverbreitet haben und in manchem Stadtteil oder Dorf innerhalb der Kindergemeinde allgemein bekannt sind.

Nun wünsche ich zu alledem recht viel Vergnügen.

Ihr Alfred Baur

Zuerst ein paar Sprüche, die sehr leicht zu sprechen sind

Bli, bla, blu
blaue Schuh,
roter Hut,
stehn mir gut.

Hoppla, hoppla, hoppala!
Alle Puppen sind schon da.
Puppe rot und Puppe blau,
Puppenmann und Puppenfrau.

Ein Kalb ist halb
und kleiner noch
und feiner doch
als Mutter Kuh.
Der Vater Stier
ist auch noch hier
und brüllt dazu
wie Kalb und Kuh
Muh.

Renne, renne,
gute Henne,
Gackeleia,
lege Eier,
sagt dein Mann
Gockelhahn.

Sonne, scheine
mir auf meine
beiden Hände.
Sonne, sende
deinen Schein
bitte in mein
Herz hinein.

Waldi heißt mein Hund
mit dem großen Mund.
Waldi bellt wau, wau,
Miezekatze schreit miau,
miau, miau, ich kratze
mit meiner Katzentatze.
Miau, miau,
wauwau, wauwau.

M und B

Die Mausemutter spricht zur Maus:
„Mein Mausekindlein, bleib zu Haus,
bei diesem bösen Regen
musst du ins Bett dich legen."

Das Mausemäuslein aber spricht:
„In meinem Bette bleib' ich nicht,
ich will ins Freie laufen!"

Da purzelt es voll Übermut
hinein in eine Wasserflut.
Musst' jämmerlich ersaufen.

Mit der Bahn,
mit der Bahn,
mit der Bummel-Eisenbahn
ist man doch noch besser dran,
denn die Bim,
denn die Bam,
denn die Bimmel-Straßenbahn
kommt viel langsamer voran.

G und K

Ja, ja, ja, ich kenne
Gagaga, die Henne,
die gute Henne Gagaga!
Horch einmal, was sagt sie da?
„Geh, mein Lieber, gib mir was,
sei so gut, du hast doch was."
Und der große Gockelhahn
hat am Kopf den roten Kamm.
Kickeriki, Kickeriki,
so schreit er in der Früh.

Guck, der kleine Karl liegt
krank im Gitterbett und kriegt
keinen Kuchen und Kaffee:
Karl tut der Kopf so weh!

Kommt die Medizin herbei:
schnell geschluckt und eins, zwei, drei,
Karl, mache auf den Mund!
Bist bald wieder kerngesund!

Schau, da kommt der Kohlenmann!
Was er alles tragen kann!

Einen Sack,
einen Pack,
hundert Kilo kann er holen,
hundert Kilo schwarze Kohlen,
hundert Kilo schwarzen Koks.

Wenn ich Koks und Kohlen trage
aus dem Keller alle Tage,
werd' ich stark
bis ins Mark.

Gallino, Gallano, der Gockelhahn,
er krähet frühmorgens die Sonne an.
Du bist doch kein Gockel,
du bist doch kein Hahn
und fängst schon am Morgen zu schreien an.

Gallino, Gallano, es ist ja noch Nacht.
Der Hahn und die Sonne sind noch nicht erwacht,
sie liegen im Bette in guter Ruh!
Jetzt sei aber stille und schlaf auch du!

Kasperl, guck, wer geht vorbei,
ist denn das die Polizei?
Kannst mir's glauben, ja das ist
Karl Kroll, der Polizist.

Karo kommt, der kleine Hund,
kommt die Ziege Meckermund,
kommen Kuh und Kalb herbei,
kommt die Henne mit dem Ei
und der Gockel Kickeriki,
kommt das ganze Federvieh,
kommen Gänse, Enten, Spatzen,
große Katzen, kleine Katzen,
gucken, was der Karli kann:
Schaut euch nur den Karli an.

Bin ein Mann:
Gockelhahn,
trag' ein Federkleid so bunt.
Und mich kennen
alle Hennen,
legen Eier, groß und rund.
Duck, duck, duck!
Hundert Stuck!
Kickeriki!
Hühnervieh!

Ich bin der Gockelhahn,
und weil ich alles kann,
kickeriki –
lösch' ich die Sterne aus,
jag' den Mond in sein Haus.
Kickeriki –
Sonne, du musst aufstehn,
sollst auf die Reise gehn.
Kickeriki –
Wenn ich nicht krähen mag,
wird heute gar kein Tag.
Kickeriki.

Ein Brocken Zucker,
der arme Schlucker
ertrinkt, o weh,
drin im Kaffee.

Es schreit im Kaffee
der Zucker: juhe,
mir tut doch nichts weh!
Jetzt bin ich gesund
und mund – kugelrund.

Der Zuckerfabrikant
hat mich eckig und kant
und hart gemacht und trocken
und lässt mich dann hocken
im Sack
und im Pack.
Der Zuckerbrocken
schreit: juhe,
mir tut nichts mehr weh!

Gigax, meine Gans,
Gigax geht zum Tanz,
elegant
ihr Gewand.
Unken geigen
zu dem Reigen.
Welch' Gegackel
und Gewackel.
„Gigax komm' zum Teich!"
„Ja gleich!"

In dem Garten, welche Gaben.
Lauter goldne Sonnenknaben,
Sonnenblumen goldgeflammte,
von der Sonne abgestammte.
Sonnenkinder eigentlich
sind wir alle: ihr und ich.

Unser Kuckuck
sagt guck – guck.
Ist der Kuckuck versteckt,
hat kein Kuckuck
den Kuckuck
im Guckloch entdeckt.

Die Gänse gackern gar so laut.
Der Gänserich mit seiner Braut,
er geht voran, die andern schrein.
Da wird wohl Gänsehochzeit sein.

Kritzekratze heißt meine Katze.
Kunterbunt heißt mein Hund.
Kickermann heißt mein Hahn.
Rennerenne heißt meine Henne.
Florian heißt mein Mann.
Siegelind heißt mein Kind.
Liebemich heiße ich.

Auf der Gabel
müssen reisen
bis zum Schnabel
alle Speisen.
Mit der Gabel
muss man heben,
muss man geben
alle Brocken
in den Mund.
Denn das Essen
ist fürs Leben
sehr gesund.

Eine Nudelfabrik
macht Nudeln dünn oder dick.
Der Herr Fabrikant
heißt Karlheinz Krant
und kauft, meiner Seel,
zehntausend Kilo Mehl
und vierzigtausend Stück Eier.
Und die Nudeln sind teuer,
dünn oder dick,
von der Nudelfabrik.

Kleine Kälber kann man locken
mit den Bimmel-Bammel-Glocken.
Großen Kühen jedenfalls
hängt man Glocken um den Hals,
dass ein Kalb, das gar nichts kennt,
in der Welt sich nicht verrennt.

Sagt die gute Mutter Kuh:
Kleines Kind, wo bleibst denn du?
Ich mach bimmel, bammel, bim,
komm gleich her und sei nicht schlimm!
Kälbchen hört, gehorcht und geht,
weil's den Glockenton versteht.

G oder K wechseln mit D oder T

Di-tipp, di-tapp der Kater,
ein guter Katzenvater,
ein Vater vieler Katzen,
der tappt mit seinen Tatzen
di-tipp, di-tapp
die Stiege hinab.

Die Uhr geht tick,
die Uhr geht tack.
Di-tickerdi-tackerdi
alle Tag.

Herr Uhrendoktor, bitte sehr,
die kleine Uhr, die geht nicht mehr.
Die Uhr macht knick,
die Uhr macht knack
und geht nicht mehr
den ganzen Tag.

An der Kette hinter Gittern
liegt der alte Löwenkater.
Keine guten Tage hat er.
Alle Tage Tellerlecken,
muss sich nach dem Käfig strecken.
Aber brüllt er hinter Gittern,
müssen alle Tiere zittern.

Der dicke Kater Muck,
der kecke Dackel Puck,
der Kasperl Dippe-Dappe
mit der großen Kappe,
und auch die Puppe Daumendick,
die machen heute Nachtmusik.

Mit der Geige und dem Bogen
kommt der Kater Muck gezogen.
Dackel Puck mit seinem Schwanz
schlägt die Trommel zu dem Tanz.

Dippe-Dapp und Daumendick
tanzen zu der Nachtmusik.

Die dicke Brigitte
sagt nicht danke, nicht bitte,
guten Tag nicht, guten Morgen,
und macht große Sorgen.
Sie grüßt keine Leute,
ich gehe noch heute
zum Groß-Doktor hin.
Der lehrt sie zu grüßen
mit Händen und Füßen
und ändert den Sinn.

Die dicke Brigitte
sagt nun danke und bitte,
guten Tag, guten Morgen
und macht keine Sorgen.
Sie grüßt alle Leute.
Das ist eine Freude,
das ist ein Gewinn.
Nun kann sie das Grüßen
mit Händen und Füßen
und herzlichem Sinn.

Tisch gedeckt,
dass es schmeckt.
Keine Gabel
und kein Messer.
Mit dem Schnabel
geht es besser,
geht es schneller
aus dem Teller,
sagt der Gockel,
sagt der Hahn,
denn ich kann
mit dem Schnabel
es viel besser
als mit Gabel,
Löffel, Messer.

Hinter der Gardine
sitzt die Karoline
kämmt die Haare,
kämmt die Locken,
Karoline bleib nicht hocken!

Auf der grünen Wiese
denkt die kleine Liese:
Wo wird Karolinchen stecken?
Keiner kann das Kind entdecken.

Lautverbindung KN

Der Knopf, der hüpft,
der Knopf, der schlüpft,
der Knopf, der beißt,
der Faden reißt.

Ich pack' den Tropf
bei seinem Schopf,
näh' seinen Kopf
mit Knopfzwirn
und mit Nadel an,
damit er nimmer
hüpfen kann.

Knipp, knapp, knoweloch,
wer lacht, der kommt ins Ofenloch.
Knipp, knapp, kneller,
wer weint, kommt in den Keller.
Ich lache nicht,
ich weine nicht!
Im Keller ist zuwenig Licht,
heraußen ist es heller.
Und lach' ich doch
und wein' ich doch,
so komm' ich nicht ins Ofenloch
und auch nicht in den Keller.

Was sagt das Zwerglein Knickeknack,
Knickknack mit dem Nüssesack?
Ich kann hacken,
ich kann knacken,
kann die kleinen Nüsse knacken,
kann sie in mein Säcklein packen.
Huckepack, huckepack
Knickknack mit dem Nüssesack.

Es knurrt der Hund.
Es grollt im Grund
der tiefe See.
Es knackt das Eis,
es knirscht der Schnee,
es knarrt der Wald
so klirrekalt.
Es klingt der Stern,
da keimt der Kern
im Ackergrund.

Kein Samenkorn
ist noch erfrorn,
solang es schlief
im Acker tief.
Ein Gnom, der weckt's,
ein zweiter schreckt's,
ein dritter denkt's,
ein vierter lenkt's,
ein nächster schiebt's zum Lichte vor.
Bald grünt's zum Himmel kühn empor.

Knibbedi – knabbedi – knumdibum.
Es geht die Maus im Keller um.
Sie knabbert vom Käs,
sie knabbert vom Speck,
sie knibbert und knabbert
und kommt nicht vom Fleck.
Schnipperdi – schnapperdi – schnuppertatz
es schleicht schon Schnurr,
die schwarze Katz.
Sie schnuppert nach rechts,
sie schnuppert nach links,
sie schnippert und schnuppert
und schnappt es, o Schreck!
„Schwupp – di – wupp",
spricht Schnurre, die Katz,
„was machst du da,
mein süßer Fratz!
Ich beiß' dich in die kleine Zeh'!"
Das Mäuslein schreit: „Au weh! Au weh!"

Lautverbindung KL und GL

Der kleine Klaus,
der hockt zu Haus
schon sieben Wochen.
Er kann nicht kochen,
er kann nicht stricken,
nicht Socken flicken,
er kann nicht backen,
nicht Nüsse knacken.
Was kann denn der Klaus?
Nur hocken zu Haus?
Was kann er statt dessen?
Knackwürste essen!

Kling, kling, klang!
Liebes Lamm.
Hast so liebe Locken
und zwei helle Glocken.
Kling, kling, klang!
Liebes Lämmlein,
liebes Lamm.

Klingeling, juche!
Vom Himmel schneit's den Schnee.
Es klingelt schon im Glockenhaus,
da kommt der heilige Nikolaus.
Es weht der kühle Himmelswind,
da kommt auch bald das Christuskind.
Es schneit ganz kleine Glitzerstern',
die lieben Kinder haben's gern.
Klingelingeling juche!
Vom Himmel schneit's den Schnee.

Kalt ist's draußen, klirre-kalt.
Riese Klachel hockt im Wald.
Dieser Riese ist nicht klug,
aber Frost hat er genug.

Kalt ist's draußen, klirre-kalt.
Klimperklein, der sitzt im Wald.
Dieses Zwerglein ist wohl klug,
hat Kristalle ganz genug.

Klare Eiskristalle blitzen
und noch tausend Zwerge sitzen.
Sterngeglitzer, Mondgeglimmer,
Menschen wärmen sich im Zimmer.

Glück im Glas
leicht bricht das.

Glück springt,
Glas klingt.

Glück im Herzen springe nicht,
dass mein Glücksglas nicht zerbricht.

Ich mach' ein Haus,
ich mach' ein Dach,
mach' eine Tür,
geh' ein und aus.

Und auch
der Rauch
steigt aus dem Dach.
Ich mach' ein Haus
mit Dach und Rauch.

Es sprach
der Bach:
„Mein lieber Teich,
ich mach' dich reich.
Ich fülle dich
vom Grund
zum Mund
mit lauter frischem Wasser an,
damit dein Fischlein leben kann."

Der reiche Teich,
er sprach zum Bach:
„Dein Wasser frisch,
das braucht mein Fisch.
Mein Fisch und ich
bedanken sich."

Gute Nacht!
Und gib acht,
dass der Kauz
nicht erwacht.

Denn der Kauz
in der Nacht
hat schon manchmal gelacht,
hat schon manchmal geweint,
wenn er plötzlich erwacht.

Gute Nacht!
Und gib acht,
dass der Kauz
nicht erwacht.

Ein kleiner Wicht
mit seinem Licht
hat in der Nacht
mich ausgelacht.

Ich bin erwacht,
hab' auch gelacht.
„Du Mondgesicht,
dich fürcht' ich nicht."

Geschieht ihm recht,
spricht der Specht,
hätte nicht
dieser Wicht,
dieser schlechte Käferknecht,
fast die Eiche aufgefressen,
hätt ich auch ihn nicht gegessen.

Horch, was hat da knack gemacht
in der Buche Blätternacht?
Horch, schon wieder! Ach wie leicht
hat es Zweig um Zweig erreicht.
Und vergleich' ich dich und mich,
wird mir gar zu wunderlich.
Eichhorn, ach wie leicht bist du!
Ich bin schwer wie eine Kuh!

Auf dem Finger
sitzt ein Hut.
Ja, dem Finger
geht es gut,
weil die Nadel
ihm nichts tut.
Fingerhut,
der ist gut.

Eine kleine Vogelmutter
holt für ihre Kinder Futter.
Vogelkinder schreien: Piep!
Liebe Mutter, sei so lieb,
bring uns was zu essen!
Hast du denn vergessen?
Piep, piep, piep!
Hab uns lieb!

Das Wasser ist so frisch,
drinnen schwimmt ein Fisch.
Das Fischlein ist so munter,
es schwimmt hinauf, hinunter,
hinunter in den tiefen See.
Es tun ihm keine Füße weh.
Die Sonne scheint so helle.
Das Fischlein ist gar schnelle.

Steh auf
und lauf
zum Kaufmann schnell
und hole mir ein Kilo Mehl.

Ich mach
danach
den Kuchen fein.
Am Sonntag soll Geburtstag sein.

Fort, fort fort
an einen andern Ort
fliegen viele Vögelein;
wollen nimmer bei uns sein.

Fern, fern, fern
sind sie gar nicht gern.
Kommen bald schon wieder,
singen schöne Lieder.

Das Vöglein fliegt vom Neste
und fühlt aufs allerbeste
sein freies Flügelschwingen,
sein freudevolles Singen.

Ich fühle, wie ich auch
im warmen Atemhauch
die Seelenflügel breite
und fliege in die Weite.

Im Ofen sitzt der Feuermann
und wärmt sich seine Füße an.
Die kleinen Flammengeister rennen,
sie müssen auf und nieder brennen
und müssen flink die Kohlen packen
und müssen beißen, müssen knacken.
Der Feuermann, der wärmt sich dran
und raucht sich seine Pfeife an.

Frau Vielfraß und Herr Firlefanz,
die machten einen Freudentanz.
Di – schlipf – di – schlapf, ist sie geschlüpft,
und Firlefanz ist fortgehüpft.

Verbindung FL

Flatatata, Flatatata.
Vogerl fliegt zum Fliederbaum,
will sich dort ein Nesterl baun.

Flatatata, Flatatata.
Legt ganz kleine Eierlein
in das Vogelnest hinein.

Flatatata, Flatatata.
Kleine Vögel fliegen aus,
fliegen in die Welt hinaus.

Lieber Fink, fliege hin,
fliege zu der Königin,
bring' ihr dieses Lilienblatt,
dass sie es recht lieblich hat.
Fliege flink,
lieber Fink.

Fli, fla, flo,
da war einmal ein Floh,
der macht' es immer so:
Flitze, flatze, flitze, flatze.
Die Leute aber machen:
Kritze, kratze, kritze, kratze.
Fli, fla, flo,
das war ein böser Floh.

Meine Flatterfahne schwingt
und mein frohes Vöglein singt
hei, im Wind.

Vöglein fliegt ans blaue Meer,
Fahne flattert hin und her,
hei, im Wind.

Weiße Vöglein fliegen
nieder, bleiben liegen
auf der Wiese, auf dem Klee.

Vöglein sind die Flocken,
fallen hin und hocken
überall als weißer Schnee.

P fli, pflu, pfla,
Pfifferling ist da,
Pfefferling ist dort.
Biff, buff, baff,
Pfifferling und Pfefferling,
beide sind sie fort.

H err Pfau, Herr Pfau
ist schöner noch als seine Frau.
Auf seinem Kopf
ein blauer Schopf
und Augenglanz
am Federschwanz.
Herr Pfau, Herr Pfau
ist stolzer noch als seine Frau.

E s war einmal ein Pfiff,
der pfeift so hoch, so tief,
er pfeift so grell,
er pfeift so hell,
so ferne und so nah,
und wenn er nicht
verpfiffen ist,
dann ist er jetzt noch da.

F linke Pfifferlinge tanzen
um die grünen Pfefferpflanzen.
Wie sie hüpfen,
wie sie schlüpfen
und sich bücken
und den grünen Pfeffer pflücken!

Was wollen wir wetten?
Wir wetten um Ketten,
um goldene Ketten,
wir wetten um Wein,
und du musst der winzige
Wutzili sein.

Wolle, Wolle wickeln
kann kein Kind.
Wolle, Wolle wickeln
wie der Wind.
Walle, walle, welle,
wickel nicht so schnelle,
wickel nicht so wilde
wie der Wind.

Schaut, was hab' ich in den Händen,
wurle – wurle – weich?
Liebe goldne Wackelenten!
Hei, wie bin ich reich!

Liebe, goldne Wackelenten,
wurle – wurle – weich,
watscheln froh von meinen Händen
in den Ententeich.

Die Regenfrau
im Wolkengrau,
man sieht sie droben hocken.

Das Regenfass
macht alles nass,
und nirgends bleibt es trocken.

Der Regenmann,
der regnen kann,
der lässt die Fässer rinnen.

Das Regenkind,
es rennt und rinnt.
Wir bleiben lieber drinnen.

Ri, ra, rataplan,
wir fahren mit der Straßenbahn.

Ri, ra, romulus,
wir fahren mit dem Autobus.

Ri, ra, ruß,
nun gehen wir zu Fuß.

Ri, ra, rollala.
Ich bin mit dem Roller da.
Rollerrennen
muss man können.
Jeder rechte Roller hat
Vorderrad und Hinterrad
und den rechten Rollermann,
der so richtig rennen kann.

Ritsch, – ratsch, sagt die Schere,
bei meiner Ehre,
ich habe geschnitten.

Recht schlecht, sagt der Zwirn,
da braucht man mehr Hirn
und das geht dir aus.

Rasch, sagt die Nadel,
bist du mit dem Tadel!
Ich möchte sehr bitten!

Ruhig, sagt das Leinen.
Ich dulde keinen
Streit hier im Haus.
Aus.

Die Ranke sagt: „Ich ritze
mit meiner Dornenspitze
aus deiner Hand das rote Blut."

„Wir Rosen aber reichen
ein Blütenblatt zum Zeichen
der Liebe, dann wird alles gut."

Robinson, Robinson
fliegt mit seinem Luftballon
mit dem Fräulein Salome
frisch und fröhlich in die Höh'!

Rumms hat es gemacht!
Bumms, da hat's gekracht!
Beide liegen unten
und sind sehr zerschunden.

Robinson, Robinson!
Mit dem dummen Luftballon,
sagt das Fräulein Salome,
flieg' ich nimmer in die Höh'.

Mirre, marre, murre,
schreit der Kater Schnurre.
Mirre, marre, mau!
Wo ist meine Frau?

Suche überall,
suche in dem Stall,
suche auf dem Dach,
suche hinterm Bach,
suche auf dem Ofenplatz.
Wo ist meine Mitzekatz?

Mirre, marre, murre,
schreit der Kater Schnurre.
Mirre, mare, mau!
Da ist meine Frau!

Verbindung BR

Ein brauner Bär,
der brummt im Wald.
Warum?
Dem braunen Bären
ist so kalt.
Darum!

Braver Bruder Papagei!
Brau mir eine Schüssel Brei,
bringe mir drei Laibe Brot,
dann gibt's keine Hungersnot.

Die Brennessel brennt
brenngrün und brennrot,
und der Bruno, der rennt,
und er schreit laut und flennt:
Ja, es brennt mich zu Tod!

Bruno, Bruno, renne nicht,
Brennessel verbrennt dich nicht!
Brennt so grün und brennt so rot,
brennt dich aber nicht zu Tod.

Brumm, brumm, brambori.
Wo gehst du brauner Brummbär hin?
Dein Brummen hätt' mich bald erschreckt.
Du bist doch nicht schlecht aufgelegt?
Brumm, brumm, brumm.

Brumm, brumm, brambori.
Du bist doch sonst kein böses Vieh?
Du hast ein Fell so braun und weich.
Komm her, dass ich den Pelz dir streich'.
Brumm, brumm, brumm.

Barim, baram, barum,
der braune Bär geht um.
Barum, baram, barim.
Der braune Bär ist schlimm.
Barim, barum, baram,
er frisst das liebe Lamm.
Barim, baram, barum.
Der Jäger bim, bam, bum,
er schießt den Bären um.

Verbindungen von DR und TR

Drinnen ist es trocken,
draußen ist es nass.
Draußen fallen Tropfen,
drinnen macht es Spaß.
Alle, alle Tropfen
klopfen, klopfen, klopfen:
Bitte, bitte lass uns ein!
Möchten auch gern lustig sein.
Nein, nein, nein,
das kann nicht sein.
Ihr seid so nass und kalt,
spielt lieber draußen im Wald.
Ihr seid so kalt und nass,
spielt lieber draußen im Gras.

Bruder Tropf, Schwester Tropf
spielen Ringelreihen,
tanzen froh zu zweien.
Hörst du sie beim Fenster klopfen?
Zwei und drei und tausend Tropfen
springen in die Regenpfützen.
Schau, wie sie den Garten spritzen,
platschen auf die Birnbaumblätter.
Ja, das ist ein Regenwetter!
Alle Leute werden nass.
Hei, das macht den Tropfen Spaß.

Es traben drei Rösslein,
wo traben sie hin?
La troppa, la trippa,
sie traben nach Wien.

La troppa nach Wien,
la trippa Berlin,
und wenn sie noch traben,
dann kommen sie hin.

Tatara, trarira!
Musikanten sind schon da.
Tatara, trarirum,
dreh dich herum.

Dreh dich im Kreis herum,
Tatara, dideldideldum!
Rechts herum, links herum,
rum widibum.

Die Rosel sagt zur Trusel:
„Ich mache heute Strudel
bei meiner Freundin Traudel.
Komm mit!
Wir sind zu Dritt."
Sie essen Apfelstrudel
und trinken frischen Sprudel.
Wärst du dabeigesessen,
du hättest auch gegessen
mit Traudel, Rosel, Trudel
den guten Apfelstrudel.

Drei tragen Trauben.
Drei Turteltauben
flattern dort drüben.
Drei tragen Rüben.
Drei tragen Reisig
und dreiunddreißig
tragen einen roten
riesengroßen Luftballon
und fliegen davon.

Verbindungen von GR und KR

Ein grauer Esel steht im Kraut
in Wind und Regenwetter.
Er hat nicht links und rechts geschaut
und frisst die grünen Blätter.

Er frisst das grüne, grüne Gras
und kann nicht einmal grüßen.
Ein greulicher Gesell ist das
und tritt noch mit den Füßen.

Ein Kind, das gar so grimmig ist,
gehört zum Esel auf den Mist.

Gerne mag ich Kukuruz,
sagt die Henne Kratzefuß.
Kukuruz ist gut.

Lege dafür gelbe Eier,
Kukuruz ist gar nicht teuer,
Kukuruz ist gut.

Griesegrau, mein Kätzlein
mit den weichen Tätzlein!
Mit den scharfen Krallen
kannst mir nicht gefallen.
Liebe Katze, kratze nicht,
kratze mich nicht im Gesicht.
Zeige deine Pfoten.
Kratzen ist verboten.

Geh gerade
auf dem Pfade!
Geh nicht krumm!
Fall nicht um!
Falle nicht in einen Graben,
denn dort fressen dich die Raben,
greifen dich mit großen Krallen!
Sollst nicht in den Graben fallen.
Geh gerade
auf dem Pfade!
Geh gerade
und nicht krumm!
Sei nicht dumm!

Was kraucht und kriecht
im nassen Grund
mit großem Mund
so grün und rund?
Das ist ja eine Kröte!
Krick, krack, dich, Kröte,
mag ich nicht!
Geh fort, geh fort, du Kröte.

Die grauen Tauben rufen:
Ugru, ugru, ugru!
Was tust denn du?
Gehst du zur Ruh?

Die Spatzen aber schwatzen
Agratz, agratz, agratz!
Mach Platz! Mach Platz!
Du bist ein Fratz!

Der Kribbel – Krabbel – Käfermann,
der niemals stillehalten kann,
ich denk', dass du den Käfer kennst.
Wenn du so kribbel – krabbel rennst,
und wenn du fällst und fli – fla – flennst,
dann bist du auch ein Käfermann,
der niemals stillehalten kann.

Verbindung FR

Ein feuerroter Gockelhahn
fängt morgens früh zu krähen an
und schreit aus vollem Kragen.
Da hat der Frechdachs ihn gepackt.
Wohin? Wohin? Hat er gefragt.
Mein Freund, du musst nicht fragen.
Mein Gast bist du in meinem Bau
und wirst für meine Frechdachsfrau
zum Fressen heimgetragen.

Ein Frosch, quack, quack,
im grünen Frack,
der fragte schlau
die Wasserfrau:
Wird morgen schönes Wetter sein?
Die Wasserfrau jedoch sprach: Nein!
Der Regen rinnt
vom Himmel blind;
die Woche ein
kein Sonnenschein,
die Woche aus
kein trocknes Haus.
Der Frosch, quack, quack,
im grünen Frack,
der fragte dann
den Wassermann:
Wird morgen schönes Wetter sein?
Der Wassermann, er sprach: Kann sein!

45

Ein Jäger heißt Jackel,
der hat einen Dackel.
Der Dackel ist jung,
er macht einen Sprung.
Man braucht nur zu sagen:
Jetzt gehen wir jagen;
Da jubelt der Hund
und bellt mit dem Mund.
Es sagt dann der Jackel:
Du bist ja mein Dackel.

Jeder kann in jungen Jahren
auf dem Jubel-Schifflein fahren.
Je-juhei und je-juhu!
Jauchze junger Jäger du!
Je-juhu und je-juhei!
Ich und du sind auch dabei.

Sprüche, bei denen die Laute L, N, D, T häufig vorkommen

Lauf, Lämmlein, lauf
Hügel hinauf,
aber gib acht,
denn in der Nacht
dreiviertel zwölf
kommen die Wölf',
fressen dich auf.
Lauf, Lämmlein, lauf!

Lieber Ball,
komm und fall
in die Hände,
ohne Ende,
immer mehr,
hin und her,
hin zu dir,
her zu mir,
ohne Ende
in die Hände.
Komm und fall,
lieber Ball.

Tille, talle, tulle.
In der alten Schule
steht ein dickes Tintenfass,
wer hineinfällt, der wird nass,
der wird nass und tintenblau,
tintenblau und aschengrau.
Tille, talle, tulle.
Gehe in die Schule,
aber falle nicht ins Fass,
wirst sonst tintenblau und blass.

Durch die Türe, durch das Tor,
durch das große Himmelstor
tritt der helle Mond hervor,
deutet mit dem Silberstab
in das Erdental hinab.
Und es läutet
jedes Ding,
wenn er deutet
klang und kling.

Liebe Liese, lasse
deine Kaffeetasse
auf dem Tische, sei nicht dumm.
Tanz nicht so im Zimmer rum.

Aber diese Liese,
wie auf einer Wiese,
tanzt und tollt und höret nicht,
was die gute Tante spricht.

Patsch, da liegt die Tasse
unten, und der nasse
Kaffee rinnt als braune Sauce
durch das Kleid auf Hemd und Hose.

Schaut nur an, wie diese
dumme, dumme Liese
durch und durch kaffeebegossen.
Hat die Tante sehr verdrossen.

Tralle, walle hinterm Haus
schaut die alte Hex' heraus.

Tralle walle Besenstiel,
alte Hexen schimpfen viel.

Tralle walle auf dem Besen
ist sie in der Hölle gewesen.

Tolli, Wolli, meine Tante,
wie die durch den Garten rannte!
Hinter ihr der Pudelhund.
Billibi der Papagei
dieser Vogel kunterbunt,
flatterte so nebenbei.
Wer die gute Tolli kannte!
Tolli Wolli, meine Tante!

Über Tal und Hügel
fliegt mit flinkem Flügel
meine liebe Schwalbe,
Schwalbe singe wieder
deine Schwalbenlieder.
Singe, liebe Schwalbe.

In die Tonne
scheint die Sonne.
In der Tonne
schwimmt ein Fisch
und der Fisch
in dieser Tonne
der heißt
Ting-Tang-Flederwisch.

Die liebe Frau Holle
hat Körbe ganz volle,
voll Blumen. Die fallen
vom Himmel. In allen
den Wiesen erblühn
die Blumen im Grün.

Tomptebu und Tilliti:
Auf dem Teppich gehen sie
und die Spule drehen sie,
auf die Tische hüpfen sie,
in die Tassen schlüpfen sie,
um die Teller rennen sie,
jeden Ton erkennen sie,
Tilliti und Tomptebu:
Kennst die beiden Zwerge du?

Guten Abend Tante Toni!"
„Guten Abend Tom – Tom!"
„Meine Mutti lässt dich grüßen
und sie bittet: komm – komm,
mit der kleinen Didel – Didel
mit der großen Blom – Blom.
Guten Abend Tante Toni"
„Schönen Dank auch Tom – Tom."

Auf dem Tische steht ein Teller,
auf dem Teller liegt ein Fisch
und im tiefen, tiefen Keller
sitzt der Bruder Liederlich.

Dort die Turteltaube,
auf dem Kopf die Haube,
um den Hals den Ring.
Turteltaube sing!

Turteltaube lache!
Drüben auf dem Dache
sitzt ein Tauberich.
Singt ein Lied für dich.

In dem Lilaleia-See
schwimmt die Lilaleia-Fee
und der Lilaleia-Fisch
sagt zu Lilalei, ich wisch
dir die lila Tränen ab,
dass ich was zu lachen hab.

Tirili, singt die Flöte,
dreht sich dreimal herum,
trara, die Trompete
und die Trommel: trum-trum.

„Fräulein Flöte, wir bitten,
denn wir tanzen so gern."
„Tirili", singt die Flöte,
„besten Dank, meine Herrn."

Es fliegen in dem Taubenhaus
die lieben Tauben ein und aus.
Wenn ich so eine Taube wär',
ich flöge fort und kam' nicht mehr.

O nein, o nein,
ich komme heim.
Da wäre ja mein Mütterlein
zu Hause ganz allein.

Danke, danke sagt die Dame.
Bitte, bitte sagt der Herr.
Hampti, Dampti ist mein Name.
Die Bekanntschaft freut mich sehr.

Duck, sagt die Henne,
kommt auf die Tenne.
Dack, sagt der Hahn,
fangen wir an.
Sie duckern
und gluckern
die Küken dabei.
Sie dackern
und gackern
und wer legt das Ei?

Onenininei,
in dem Monat Mai,
onenininu,
eine bunte Kuh,
onenininei,
fraß ein Büscherl Heu,
onenininu,
und schreit immer muh.

In dem Haus
wohnt die Maus.
Eine Geiß
kocht den Reis.

„Liebe Maus,
geh schnell aus",
sagt die Geiß,
„unser Reis
ist noch heiß.
Hol den Has'
aus dem Gras."

„Lieber Has',
komm und blas
uns den Reis,
der ist heiß."

In dem Haus
schmausen Maus,
Has' und Geiß
guten Reis.

Was? Was? Was?
Altes Fass.
Wenn es regnet, wird es nass.
Wenn die Regenmänner springen,
wenn die Regenweiber singen,
wenn die Regenkinder weinen,
muss die Sonne wieder scheinen.

Susi soll die Suppe essen,
Susi isst die Suppe nicht.
Kommt ganz leise unterdessen
in das Haus ein Bösewicht.
Kommt geschlichen in das Haus,
isst die ganze Suppe aus.
Susi, diesem Bösewicht
ließe ich die Suppe nicht!

Ist denn das der Osterhase?
Nein, das ist die kleine Nase!

Ist denn das der Pudelhund?
Nein, das ist der rote Mund!

Sind denn das zwei Turteltäublein?
Nein, das sind die blauen Äuglein!

Ist denn das der Wirbelwind?
Nein, das ist ein liebes Kind!

Liebe süße, kleine Maus!
Schlüpf hinein ins Mausehaus,
schlüpf hinein ins Mauseloch,
sonst beißt dich die Katze noch;
beißt dich in den langen Schwanz,
und du gehst nicht mehr zum Tanz,
nicht zum Tanz und nicht zum Schmaus,
weinst dir deine Äuglein aus.

Sedula, Sedula, Sanasei!
In der fernen Sultanei,
in dem heißen, heißen Land,
liegt ein Krokodil im Sand,
Frisst so furchtbar viel Salat,
frisst und frisst und wird nicht satt.
Hat den runden Bauch so voll,
dass es nichts mehr fressen soll.
Sedula, Sedula! Mit Geschrei
platzt das Krokodil entzwei.

Sause, sause, sause!
Ich geh' aus meinem Hause.
Ich geh' aus meinem Haus heraus.
Ich schau' nach schönem Wetter aus.

Sause, sause, lieber Wind,
jag die Wolken fort geschwind.
Sause, lieber Blasemann,
dass die Sonne scheinen kann.

Auf der Gasse
in der Pfütze
liegt die nasse
neue Mütze.

Ach, wer hat sie
denn verloren?
Warum wärmt sie
nicht die Ohren?

Unser Maxi,
ja, der hat sie
auf der Gasse
fallenlassen.

Susi, Susi, was ist das?
Deine Schuhe sind so nass!
Susi, gehe aus dem Gras!
Gehe aus dem Gras heraus!
Susi, laufe schnell nach Haus!
Sonst wirst du am Ende krank,
liegst im Bett zwei Wochen lang.

Meister Messer ist voll Hass,
Fräulein Gabel, sehn Sie das,
wie die Schüsseln immer spaßen
mit den leeren Kaffeetassen?
Wisst ihr, spricht der Löffel leise,
wen's nicht kümmert, der ist weise.

Heiße Sonne, nasser Sand,
Wasserfrau schleicht bis ans Land,
kann das Nasse nicht verlassen,
aber kann das Feste fassen.
Sand und Land und Kinderlein
zieht sie in den See hinein.
Weißt, im silbernen Palast
ist ein Kind nicht gern zu Gast.

Fließe Quelle, fließe
mir auf meine Füße.
Mache alle Zehlein nass,
Fersen, Knöchel, bitte lass
mich wie's Gräslein sprießen.
Mach mich stark wie Riesen.
Mach mich leise, leise
wie die Zwerglein weise.

Singen wir so:
Sallala do
Gisela Sellerie
Petersil im Salat,
Schnittlauch und Salbeiblatt,
so wird ein jeder satt
Sallala do
So sind wir froh.

In der Kammer
sitzt der Kasperl
mit der Klammer
auf der Nase
und der Hase
Quasti Basti
sagt zum Kasperl:
Ja, du hast sie
auf der stangen-langen Nase
und die Nase,
Quasti-Bu,
die ist zu!

Es war einmal ein Segelschiff,
das war noch niemals auf der See.
Der Kapitän macht einen Pfiff,
da gehn die Segel in die Höh'.

Es kommt der flinke Mittagswind,
der läuft so übers Meer geschwind.
Er spitzt den Mund und bläst es an,
damit mein Schifflein fahren kann.

Da fährt mein Schifflein kurzerhand
hinüber in das Morgenland.

Zornig frisst der Rost das Eisen.
Lass ihn tausend Jahre beißen,
noch kein Zahn ist ausgebissen,
fester ist er, musst du wissen.

Zizibe, zizibe,
singt das kleine Zeiserl:
Mir tut nix weh,
mir tut nix weh,
ich sitz' da zwischen zwei Zweigerl.

Mein Hase sitzt,
mein Hase spitzt
die langen Löffelohren.

Was sitzt du so,
was spitzt du so
die langen Löffelohren?

Den Jäger und
den flinken Hund
erlausch ich mit den Ohren.

Drum sitze ich,
und spitze ich,
sonst wäre ich verloren.

Die Katzen,
die Fratzen,
sie fraßen den Spatzen.

Die Miezen, sie sitzen
und blinzeln aus Schlitzen.

Der Spatz ist gefressen,
sie haben's vergessen.

Sie raunzen
und maunzen
und spitzen indessen,
den nächsten zu fressen.

Die Ziege steht hinterm Zaun.
Was tut sie? Was tut sie?
Sie frisst herab vom Zwetschgenbaum.
Ziege meck, meck, Ziege geh weg.

Das kann die Bäurin nicht anschaun.
Was tut sie? Was tut sie?
Sie wird die Ziege fest verhaun!
Ziege meck, meck, Ziege geh weg!

Ich bin der Zauberer Nockus!
Ich zaubere Hokuspokus.
Ich zaubere her,
ich zaubere hin,
Simserim, Simsalabim,
Hokuspokus, Zaubernokus,
Gruß und Kuss
Verschwindibus!

Alles ist verzaubert schon.
Ich bin selbst ein Königssohn,
und mein liebes Schwesterlein,
das soll die Prinzessin sein,
oder eine Blume blau,
oder eine Wasserfrau,
oder eine weiße Maus,
oder gar ein goldnes Haus.
Simserim, Simsalabim,
was ich doch für ein Zauberer bin!

Die Zwerglein sind so leise.
Sie gehen auf die Reise.
Sie ziehen Zaubermützen an,
damit sie niemand sehen kann.
Man sieht sie nicht,
man hört sie nicht,
sie zeigen selten ihr Gesicht.

Weißt du wohl, weißt du wohl,
was die Ziegen kriegen?
Fressen sie das Zuckerbrot?
Höchstens in der größten Not!
Weißt du, was die Ziegen
alle Tage kriegen?
Weißt du was?
Grünes Gras,
Blätter von den Hecken
werden ihnen schmecken.
Weißt du was?
Dies und das
werden Ziegen kriegen!

Das Zungenmännlein Zappelmatz
hat eine lange Zunge.
Das Zungenmännlein Zappelmatz
und seine Frau, die Zappelmitz,
die haben sieben Jungen,
sieben junge Zappelmatzen,
lauter liebe Zappelfratzen
mit langen, langen Zungen.
Sie zappeln und sie plappern viel
und tanzen um den Besenstiel
und rennen so im Zimmer herum.
Zippel, Zappel, summ, summ, summ.

Der Zeiger zeigt auf zwölfe.
Im Walde wohnen Wölfe.
Sie zählen schon die Ziegen,
die sie zu fressen kriegen.
Zwei mal zweiundzwanzig
Ziegen sind in Danzig.
Zweimal zwanzig hat der König,
zweimal zwölf, das ist zuwenig.
Der Zeiger zeigt auf dreizehn,
wir werden euch gleich heizen!
Keine sollt ihr kriegen
von den zwanzig Ziegen,
keinen Zucker, keinen Zimt!
Abgezählt, die Rechnung stimmt!

Im Neste sitzen Spatzen,
zehne an der Zahl.
Es fressen die zehn Fratzen
zwölf Körner auf einmal.

Die Mutter bringt den Weizen,
da schrein sie: zehn mal zehn.
Wenn sie die Schnäbel spreizen,
ist keins zu übersehn.

Bix, bux, bax!
Was tut der Max?
Bax, bux, bix!
Der Max tut nix!
Bix, bax, bux!
Er ist nix nutz!

Der Bock sagt mäh,
der Ochs schreit muh;
du, kleiner Max,
was sagst denn du?

Und guckst du keck
und sagst du nix,
so kriegst du mit
der Rute Wix.

SCH

Plische-plasch!
Wenn ich mich wasch',
wenn ich so wisch',
werd' ich ein Fisch,
so eine schnelle
flinke Forelle.
Plasche-plusch,
husch!

Schau, schau, schau,
vom Heinzelmann die Frau,
vom Heinzelmann das Kind,
hei, die sind geschwind.

Husch, husch, husch!
Sie schlüpfen in den Busch,
Helnzelmann und Heinzelfrau,
hei, die sind schlau.

ST im Anlaut

Der Stein steht still,
der Stein steht stumm.
Du meinst, der stille Stein sei dumm.
O nein!
Der Stein,
der steht so starr
schon tausend Jahr
ganz stumm am Bach
und denkt nur nach.

Es weht
der Sturm.
Es steht
ein Turm.
Der Sturm,
er rüttelt
und schüttelt
den Turm
und schreit:
Lass mich hinein!
Der Turm hält stand
auf seinem Land
so fest wie Stein
und spricht: Nein, nein,
ich lass' dich nicht herein.

Wir steigen auf die Stufen,
die lieben Sterne zu rufen.
Wir rufen in die Sternenstadt,
die viele Sternenhäuser hat:
Ihr lieben Sterne, lasst uns ein,
wir wollen gute Kinder sein.
Wir stehen auf den Stufen,
wir hören die Sterne rufen:
Wer in die Sternenstadt 'rein will,
muss standhaft sein und leis und still.

Es ist ein Tal
so eng und schmal,
da steht ein Stein
aus Gold so fein,
ein heller Stern;
den hätt' ich gern.

Es stehn im Stall zwei Schafe,
zwei weißgelockte brave.
Sie stehn im Stall
so eng und schmal
und schaben sich die volle,
die weiche Schäfleinwolle
und stehen still und stumm
und schauen drein so dumm.

So steif wie ein Stock,
wie ein störrischer Bock!
Ja, da steht es herum,
und kein Fisch ist so stumm
und kein Stiefel so dumm
und kein Spatz ist so schlimm
wie ein Kind, das nicht will.

Ein Stiefel spricht zum andern:
Ich bin beschmutzt,
du bist beschmutzt,
das kommt vom weiten Wandern.

Es gehen sieben Tag' vorbei.
Noch nicht geputzt,
stehn sie beschmutzt.
Da schrein die Stiefel alle zwei,
und auch die Bürste schreit dazu:
In der Stube sitzt ein Bube,
der putzt nicht seine Schuh'!

Das hat genutzt!
Schön geputzt
auf dem Holz,
blank und stolz,
links ein Schuh
und rechts ein Schuh,
stehen sie und geben Ruh.

ST im Auslaut

Auf dem Ast
sitzt der Gast.
Und er ist,
wie ihr wisst,
mit der Post
nicht von Ost,
nicht von West
zu dem Fest
hergereist.
Star, so heißt
unser Gast.
Ist aus Süden hergereist.
Baut ein Nest,
und er lässt
es gar lustig klingen.
Lieber Star,
wunderbar
kannst du Liedlein singen.

Der Spatz, der Spatz,
der süße Fratz,
mit seinem spitzen Schnabel,
er nickt und nickt,
er pickt und pickt
und braucht gar keine Gabel.

Spatzen machen gern ein Späßchen
mit der Spätzin hinterm Gässchen.
Aber was sie da so schwatzen,
das verstehn nicht nur die Spatzen,
sondern auch noch Katz und Kätzin!
Hütet euch, ihr Spatz und Spätzin!

Es sitzen zwei Spatzen;
die sitzen und schwatzen
beim Nachbarn auf dem Dach.
Der Nachbar macht Krach.
Der rechte fliegt – husch –
hinein in den Busch.
Der linke fliegt auch
hinüber zum Strauch.
Der rechte kommt wieder.
Der linke kommt wieder.
Sie setzen sich nieder,
die lustigen Brüder.

Schnick – Schnack – Schneck,
schleich ums Eck.
Schnick – Schneck – Schnack,
einen Tag.
Schnack – Schneck – Schnick,
noch ein Stück.

Noch ein Stücklein musst du wandern
von dem einen Eck zum andern.
Bist ein armer, armer Schneck!
Kommst so langsam nur vom Fleck.

Wo kommt ihr vielen Vöglein her?
Ihr Schwalben.
Wir flogen übers Mittagsmeer,
wir Schwalben.
Wir sitzen auf dem Feigenbaum,
wir Schwalben
und sagen uns so halb im Traum,
wir Schwalben,
ach, wär' die Wanderschaft bald aus.
Wir Schwalben,
wir wären gerne schon zu Haus,
wir Schwalben.

Es schwimmen
in der Donau frisch
der Bruder Fisch, die Schwester Fisch.
Sie reisen schon von Budapest
zu einem Fische-Hochzeitsfest.
Der Bruder sagt zur Schwester:
„Ich bitt' dich, schwimme fester.
Mit deinem faulen Flossenschwanz,
da kommen wir zu spät zum Tanz."
Das Schwesterlein, das seufzte: „Ach,
ich bin zum Schwimmen viel zu schwach;
die Flossen sind mir viel zu schwer.
Ich komm' nicht mehr ins Schwarze Meer."
Der Bruder sagt: „Das ist zu dumm!
Am besten ist's, wir kehren um."
Das Schwesterlein, das weinte laut,
da hat der Bruder zugebaut.
Ein Hecht hat alles angeschaut
und fraß den Bruder samt der Haut.

Es sitzen im Nesterl
zwei Brüder, zwei Schwesterl,
vier Schwalbengeschwister.
Geschwätz und Geflüster:
Wir müssen noch schweigen,
doch morgen im Reigen,
da schwirren
und flirren,
da schwingen
und singen,
da schmettern wir wieder
die schönsten, die herrlichsten
Schwalbenlieder.

STR

Auf der Straße eins, zwei, drei
steht die strenge Polizei,
schaut sich jeden Menschen an,
was er tut und was er kann.

Kinder gibt es, gar nicht brave,
die bekommen arge Strafe,
wenn sie streiten auf der Straße,
wenn sie raufen auf der Gasse.

Lieber Franzi, sei kein Strick!
Polizei mit einem Blick
sieht dein Streiten und dein Stoßen,
sieht den Schmutz auf deinen Hosen.
Auf der Straße eins, zwei, drei,
steht die strenge Polizei.

Schleckermäulchen möchte naschen.
Niemand soll es überraschen
bei der schönen Schokolade.
Aber es war jammerschade!
Wie ein Neger anzuschaun,
völlig schokoladebraun,
um und um ganz fürchterlich!
Schleckermäulchen, schäme dich!
Man muss gründlich dich jatzt waschen
nach dem Schokoladenaschen.

Schlicke, schlacke, Schleckermaul.
Sei nicht schlimm und sei nicht faul
Schleck nicht soviel Schokolade,
Zuckerbrot mit Marmelade.
Schmause lieber schwarzes Brot.
Schwarzes Brot macht Wangen rot.

Leise schlüpft was zu der Türe.
Alles schläft um halber Viere.
Schleicht so schlank,
schlüpft zum Schrank,
ohne Schlüssel
zu der Schüssel,
schimmert überall hinein:
Schlummerleicht der Mondenschein.

SCH und S im Wechsel

Im Wasser sitzt die Wassermaus
und wäscht sich ihre Augen aus.
Sie wäscht die Nase und den Mund,
sie wäscht und wäscht schon eine Stund'
und putzt sich jeden Mausezahn
so blitzeblank, so schön sie kann.

Die Wassermaus, die schlief so tief,
bis schließlich laut der Zeisig rief:
„So wach doch auf, du Wassermaus,
der Winter ist schon lange aus!"

Wassermaus wird langsam munter;
sie wäscht den ganzen Schlaf herunter.

Der Hase schleicht im Gras herum.
Da kommt die Schlange Schlingelum
und will den Hasen beißen
und an den Ohren reißen.
Das Häslein fürchtet sich gar sehr.
Wer hilft dem armen Häslein, wer?
Da kommt der König Kamenbert
mit seinem schweren Eisenschwert
und spricht zur Schlange Schlingelum:
„Schnell schleiche fort und kehr nicht um."
Die Schlange spricht: »Ich tu's nicht mehr."
Das Häslein sagt: „Ich danke sehr."

Essbesteck und
Suppenschüssel
sind nicht gut
für Schweinerüssel,
Schweinetröge
sind viel besser
für die schlimmen
Schlumperesser.

Der Sternfisch schwimmt im Sternenteich
und ist so unermesslich reich.
Er schwimmt im Golde ein und aus,
hat in der Sternenstadt ein Haus,
besitzt ein helles Hemd mit Schuppen,
gemacht aus lauter Sternenschnuppen,
mit Edelstein geschmückt der Schwanz
und Augen schlau, smaragdgrün ganz.

Schaut er, dann scheint an dieser Stelle
ein schöner Stern, so zauberhelle.
Schließt er die Augen manche Stunden,
dann ist der Schimmerstern verschwunden.
Es ist schon Nacht, guck selber, schau:
Es schimmert schon so grün und schlau,
so unermesslich reich und bleich
der Sternenfisch vom Sternenteich.

Neben einer Eberesche
hängt gewaschen weiße Wäsche.
Auf der Eberesche Spatzen,
die auf weiße Wäsche schmatzen.

Sagt die Wäscherin: zu dumm,
muss ich denn nun wiederum
die beschmatzte Wäsche waschen?
Könnt ich euch Halunken haschen!

Fliege Schwalbe
schnell um Salbe!
Sollst dich eilen,
dass wir heilen
diese Wunden.
Ganz zerschunden
ist mein Franz.
Nur sein gutes
Herz blieb ganz.

Der Spatzenkönig saß am Dach
des Himmelshauses, wo er sprach
zu Millionen Spatzen –
und keiner durfte schwatzen:

„Ich, Spatzenkönig, Fritz von Spatz,
ich herrsche über Stadt und Platz
und überlass' mit einem Satz
euch meinen ganzen Fürstenschatz."

Und schrieb mit spitzem Schnabelstift
dies alles in der Spatzenschrift
den Spatzen hinter die Ohren,
und keiner hat's verloren.

Auf Hof und Straße, Dach und Platz,
da sitzen seitdem Spatz an Spatz
und meinen, da sie sitzen,
dies alles zu besitzen.

Weil sich nicht alles einordnen ließ, kommen nun die restlichen Sprüche

Es friert, es friert,
mein Näslein spürt:
Die Kälte sticht
ins Angesicht.
Ach, die langen Hasenohren
wären mir bald abgefroren.
Im Wald, im Wald
ist's nicht so kalt.
In Busch und Baum
ist warmer Raum.
Ducke mich im Dunkel nieder.
Käm' nur bald die Sonne wieder!

Mit dem Munde
jede Stunde,
jeden Tag,
wenn man mag,
wie ein Bächlein
kann man rauschen,
kann man plauschen,
kann man reden,
wenn man mag.

Doch der liebe
Zeigefinger,
Schweigefinger,
muss dir immer
auch das Schweigen
manchmal zeigen.
Manche Stunde
mit dem Munde
muss man fein
stille sein.

Die großen Glocken schwanken,
verneigen sich und danken
dem Himmel und dem Herrn.

Die kleinen Glocken klingen,
sie springen froh und singen:
Wir leben ja so gern

Was hat denn Gott zum Leben
den Kindern all gegeben?
Dem Schneckenkind gab er ein Haus,
ein graues Fell dem Kind der Maus,
dem Vogelkinde weichen Flaum,
dem Menschenkinde einen Traum
von einem golden-goldnen Stern
und Vater, Mutter, die so gern
das kleine Kindlein haben.
Ja, das hat Gott zum Leben
den Kindern all gegeben.

Platsch, ich bin das Regentröpfchen.
Zipfelmütze auf dem Köpfchen,
Arme, Hände, lange Beine
braucht ein Regentröpfchen keine.
Platsch, jetzt bin ich ganz zerronnen,
vorhin hat es gut begonnen.
Aus der Wolke ausgestoßen,
mit Geschwistern hingeflossen,
hatt' ich doch ein eignes Köpfchen,
aber jetzt, ich armes Tröpfchen,
mit der Welle muss ich rinnen.
Will das Spielchen neu beginnen:
Warme Sonne wird mich heben.
In der Wolke darf ich leben.
Fall' ich, einen Augenblick
bin ich doch ein Kopf, zum Glück.

Kleines Kind,
feiner Wind,
wo kommst du her?

Aus dem Land
Unbekannt,
weit überm Meer!

Mit dem Boot
Ohnenot,
so kam ich her.

Ohnenot
fährt nicht zurück
– zum Glück.

Wenn der Wind die Zweige wiegt,
singt er halleluja.
Wenn der Schnee die Bäume biegt,
singt er halleluja.
Wenn der Mond am Himmel fliegt,
singt er halleluja.
Wenn das Kind im Bette liegt,
singt's noch halleluja,
weil die helle, heilige Nacht
uns das Christkindlein gebracht!
Halleluja.

Es regnet, es donnert, es blitzt, und es kracht.
Wer hat denn das schreckliche Wetter gemacht?

Das machen die Geister,
die Regenmeister,
die Donnergesellen,
die Fürsten mit hellen
Blitzen,
sie sitzen
auf Wolkenthronen
und tragen Kronen.

Die regnen und donnern
und blitzen und krachen.
Die sind es, die
schreckliche Wetter machen.

Unser Heinz, von dem ihr wisst,
dass er dies und das vergisst,
neulich in der Schule kam er
ohne Kopf an, was für Jammer,
ohne Beine, ohne Bauch.
Beine, Arme, Hände auch,
alle seine Siebensachen
– es ist leider nicht zum Lachen –
hat der Heinz im Bett vergessen.

Hätt' die Mutter nicht indessen
alles das nach ein, zwei Stunden
in dem Bette vorgefunden,
nicht zu Ende wär' der Jammer.
So um halber Zehne kam er
mit den Beinen, mit dem Bauch,
mit den Armen und Händen auch.
Ist mit seinen Siebensachen
und mit einem frohen Lachen
– hat den Kopf auch mitgenommen –
in der Schule angekommen.

Dunkle Wolken, Regenschauer.
Nebeldüster liegt das Land,
und die Sonne hüllt vor Trauer
sich in finsteres Gewand.

Frisch kommt da ein Wind geflogen,
hat die Schatten schon verscheucht.
Über bunten Regenbogen
hat mich Heiterkeit erreicht.

Wie die weichen Schnecken
sich im Haus verstecken,

wie die kleinen Ziegen
sich zur Mutter schmiegen,

wie die Katzen, die kleinen
tuen, wenn sie weinen,

wie die Hündlein machen,
wenn sie heimlich lachen,

wie das Kind vom Pferde
sich verbeugt zur Erde,

nicken wir und neigen
nieder uns und schweigen.

Ja, das war ein Theater
mit dem Milchkannenkater.
Der Kopf
war im Topf,
um den Rahm drin zu schlappern.
Doch da hört man es klappern.
Er rüttelt
und schüttelt
und kommt nicht zurück,
denn der Kopf war zu dick.
Er scheppert
und deppert
miau und mio,
ich werd' nimmermehr froh!
Mit dem Milchkannenkater
ja, das war ein Theater.

Füße, ihr beiden,
hör' ich euch schreiten?
Sicher, so geht ihr.
Standhaft, so steht ihr.
Rechts ist der Bruder.
Links ist die Schwester.
Tretet nur fester
hin auf die Erde,
dass ich ein tüchtiger
Mann einmal werde.

Wie ein Löwe an Mut,
wie ein Lämmlein, so gut,
wie ein Jäger, so schnell,
wie die Sterne, so hell,
will ich werden als Mann,
der was weiß und was kann.

Wie ein Adler flieg' ich
über Wolken hin.
Wie ein Löwe sieg' ich,
wenn ich mutig bin.
Wie ein Pferdchen will ich
in Geduld ertragen.
Wie ein Ritter will ich
kühn den Drachen schlagen.

Wo ein Wille, dort ein Weg.
Wage in die Weite!
Übern Abgrund führt der Steg.
Herzensmutig schreite!
Sonne sendet ihren Strahl
hin zu Blatt und Blüte,
wendet sich ins tiefste Tal,
wärmt auch mein Gemüte.

Erwin Schaler

Lieder zu Versen
und Reimen
aus

Verzeichnis der Lieder

Die Mausemutter spricht zur Maus

Die Mau - se - mut - ter spricht zur Maus: "Mein
Mau - se - kind - lein bleib zu Haus, bei
die - sem bö - sen Re - gen musst
du ins Bett dich le - gen."

2. Das Mausemäuslein aber spricht:
    „In meinem Bette bleib' ich nicht,
    ich will ins Freie laufen!"

3. Da purzelt es voll Übermut
    hinein in eine Wasserflut.
    musst' jämmerlich ersaufen.

Schau, da kommt der Kohlenmann!

Schau, da kommt der Koh-len-mann! Was er al-les
tra-gen kann! Ei-nen Sack, ei-nen Pack,
hun-dert Ki-lo kann er ho-len, hun-dert Ki-lo
schwar-ze Koh-len, hun-dert Ki-lo schwar-zen
Koks. Wenn ich Koks und Koh-len tra-ge
aus dem Kel-ler al-le Ta-ge werd' ich
stark bis ins Mark.

Gallino, Gallano

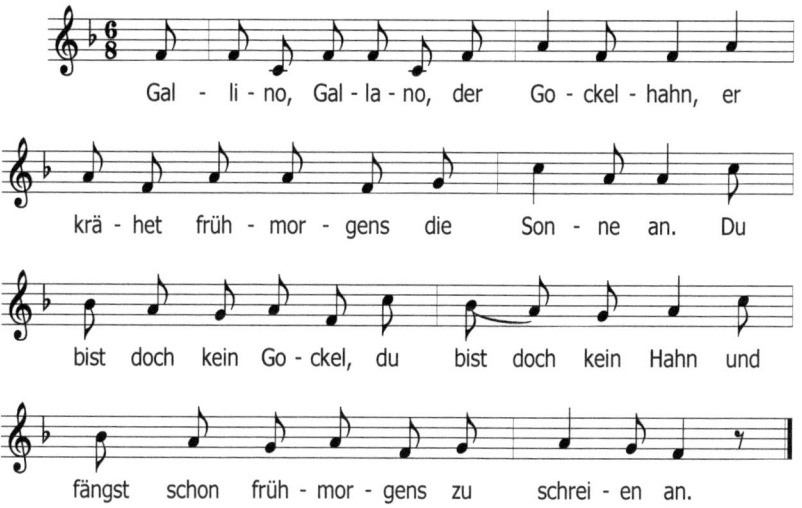

Gal - li - no, Gal - la - no, der Go - ckel - hahn, er
krä - het früh - mor - gens die Son - ne an. Du
bist doch kein Go - ckel, du bist doch kein Hahn und
fängst schon früh - mor - gens zu schrei - en an.

2. Gallino, Gallano, es ist ja noch Nacht.
   Der Hahn und die Sonne sind noch
   nicht erwacht,
   sie liegen im Bette in guter Ruh!
   Jetzt sei aber stille und schlaf auch du!

Di-tipp, di-tapp der Kater

Di - tipp, di - tapp der Ka - ter, ein gu - ter Kat - zen -
va - ter, ein Va - ter vie - ler Kat - zen, der
tappt mit sei - nen Tat - zen di - tipp, di - tapp, di -
tipp, di - tapp die Trep - pe hin - ab.

Der dicke Kater Muck

Der di-cke Ka-ter Muck, der ke-cke Dack-el
Puck, der Kas - perl Dip - pe Dap - pe mit
sei - ner gros - sen Kap - pe und auch die Pup - pe
Dau - men - dick, die ma - chen heu - te Nacht - mu - sik.
Mit der Gei - ge und dem Bo - gen
kommt der Ka - ter Muck ge - zo - gen, Da - ckel Puck mit
sei - nem Schwanz schlägt die Trom - mel zu dem Tanz.
Dip - pe - Dapp und Dau - men - dick tan - zen zu der
Nacht - mu - sik: Schrumm, schrumm, schrumm!

Klingeling juche!

Klin - ge - ling ju - che! Vom Him - mel schneit's den
Schnee. Es klin - gelt schon im Glo - cken - haus, da
kommt der heil' - ge Ni - ko - laus. Es weht der küh - le
Him - mels - wind, da kommt auch bald das Chrit - us - kind. Es
schneit ganz klei - ne Glit - zer - stern', die lie - ben Kin - der
ha - ben's gern. Klin - ge - lin - ge - ling ju - che! Vom
Him - mel schneit's den Schnee.

Gute Nacht! Und gib acht

Gu - te Nacht! Und gib acht, dass der Kauz nicht er -
wacht. Denn der Kauz in der Nacht hat schon
manch - mal ge - lacht, hat schon manch - mal ge -
weint, wenn er plötz - lich er - wacht. Gu - te
Nacht! Und gib acht, dass der Kauz nicht er - wacht.

Horch, was hat da knack gemacht?

Horch, was hat da knack ge - macht
in der Bu - che Blät - ter - nacht? Horch schon wie - der!
Ach wie leicht hat es Zweig um Zweig er - reicht.
Und ver - gleich ich dich und mich wird mir gar zu
wun - der - lich. Eich - horn, ach wie leicht bist du!
Ich bin schwer wie ei - ne Kuh.

Fort, fort, fort

Fort, fort, fort an ei - nen an - dern

Ort flie - gen vie - le Vöge - lein;

wol - len nim - mer bei uns sein.

2. Fern, fern, fern
   sind sie gar nicht gern.
   Kommen bald schon wieder,
   singen schöne Lieder.

Flatatata

Fla - ta - ta - ta, Fla - ta - ta - ta. Vo - gerl fliegt zum
Flie - der - baum, will sich dort ein Ne - sterl baun.

2. Flatatata, Flatatata.
   Legt ganz kleine Eierlein
   in das Vogelnest hinein.

3. Flatatata, Flatatata.
   Kleine Vögel fliegen aus,
   fliegen in die Welt hinaus.

Weiße Vöglein fliegen nieder

Wei-ße Vög-lein flie-gen nie-der, blei-ben lie-gen auf der Wie-se

auf dem Klee. Vög-lein sind die Flo-cken,

fal-len hin und ho-cken ü-ber-all als wei-ßer Schnee.

Wolle, Wolle wickeln

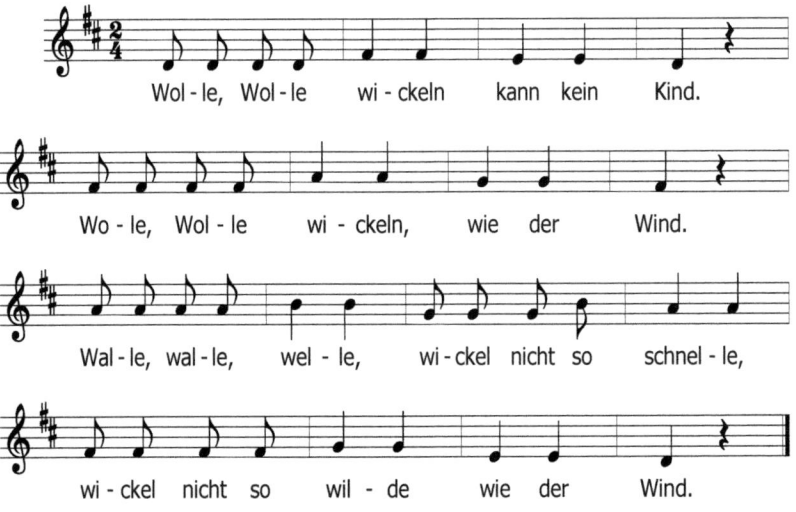

Wol - le, Wol - le wi - ckeln kann kein Kind.

Wo - le, Wol - le wi - ckeln, wie der Wind.

Wal - le, wal - le, wel - le, wi - ckel nicht so schnel - le,

wi - ckel nicht so wil - de wie der Wind.

Die Regenfrau im Wolkengrau

Die Re - gen - frau im Wol - ken grau, man
sieht sie dro - ben ho - cken. Das Re - gen - fass macht
al - les nass und nir - gends bleibt es tro - cken.

2. Der Regenmann,
   der regnen kann,
   der lässt die Fässer rinnen.

   Das Regenkind,
   es rennt und rinnt.
   Wir bleiben lieber drinnen.

Ri, ra, rollala

Ri, ra, rol - la - la. Ich bin mit dem

Rol - ler da, Rol - ler - ren - nen muss man kön - nen.

Je - der rech - te Rol - ler hat Vor - der - rad und

Hin - ter - rad und den rech - ten Rol - ler - mann,

der so rich- tig ren- nen kann.

Ein brauner Bär

Ein braun - ner Bär, der brummt im Wald, Wa -
rum? Dem brau - nen Bä - ren
ist so kalt. Da - rum!

Es traben drei Rösslein

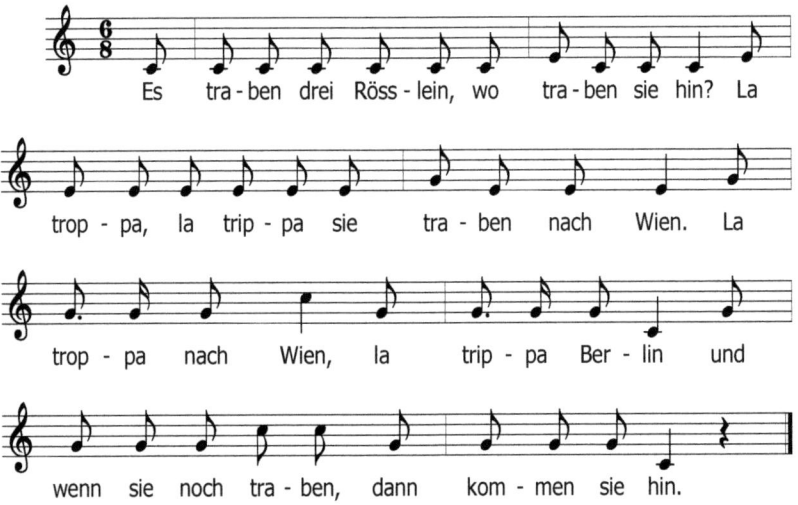

Es tra-ben drei Röss-lein, wo tra-ben sie hin? La

trop - pa, la trip - pa sie tra - ben nach Wien. La

trop - pa nach Wien, la trip - pa Ber - lin und

wenn sie noch tra - ben, dann kom - men sie hin.

Tatara, trarira

Ta - ta - ra, tra - ri - ra! Mu - si - kan - ten

sind schon da. Ta - ta - ra, tra - ri - rum,

dreh dich her - rum.

2. Dreh dich im Kreis herum,
   Tatara, dideldideldum!
   Rechts herum, links herum,
   rum widibum.

Ein grauer Esel steht im Kraut

Ein grau-er E-sel steht im Kraut in Wind und Re-gen-
wet-ter. Er hat nicht links und rechts ge-schaut und
frisst die grü-nen Blät-ter.

2. Er frisst das grüne, grüne Gras
und kann nicht einmal grüßen.
Ein greulicher Gesell ist das
und tritt noch mit den Füßen.

Ein Kind, das gar so grim-mig ist, gehört zum E-sel auf den Mist.

Die Zwerglein sind so leise

Die Zwerg - lein sind so lei - se. Sie ge - hen auf die
Rei - se. Sie zie - hen Zau - ber - müt - zen an, da -
mit sie nie - mand se - hen kann. Man sieht sie nicht, man
hört sie nicht, sie zei - gen sel - ten ihr Ge - sicht.

Spatzen machen gern ein Späßchen

Spatz-en ma-chen gern ein Späß-chen mit der Spät-zin

hin-term Gäss-chen. A-ber was sie da so schwat-zen

das ver-ste-hen nur die Spatz-en, je-doch auch noch

Katz und Kät-zin! Hü-tet euch, ihr Spatz und Spät-zin!

Es sitzen im Nesterl

Es sit-zen im Ne-sterl zwei Brü-derl zwei Schwes-terl, vier Schwal - ben - ge - schwi - ster. Ge - schwätz und Ge - flü - ster: Wir müs - sen noch schwei - gen, doch mor - gen im Rei - gen, da schwir - ren und flir - ren, da schwin - gen und sin - gen, da schmet - tern wir wie - der die schön - sten, die herr - lich - sten Schwal - ben - lie - der.

Es fliegen in dem Taubenhaus

Es flie-gen in dem Tau-ben-haus die lie-ben Tau-ben
ein und aus. Wenn ich so ei - ne Tau - be wär, ich
flö - ge fort und käm nicht mehr. O nein, o nein, ich
kom - me heim. Da wä - re ja mein Müt - ter - lein zu
Hau- se ganz al - lein.

Mirre, marre, murre!

Mir-re, mar-re, mur-re! Schreit der Ka-ter Schnu-rre.

Mir-re, mar-re, mau! Wo ist mei-ne Frau?

Su - che ü - ber - all, su - che in dem Stall,

su - che auf dem Dach, su - che hin - term Bach,

su-che auf dem O-fen-platz. Wo ist mei-ne Mi-tze-katz?

Mir-re, mar-re, mur-re! Schreit der Ka-ter Schnur-re.

Mir-re, mar - re, mau! Da ist mei-ne Frau!

Was hat denn Gott zum Leben

Was hat denn Gott zum Le - ben den Kin - dern all ge - ge - ben? Dem Schne - cken - kind gab er ein Haus, ein grau - es Fell dem Kind der Maus, dem Vo - gel - kin - de wei - chen Flaum, dem Men - schen - kin - de ei - nen Traum von ei - nem gol - den - gold - nen Stern und Va - ter, Mut - ter, die so gern das klei - ne Kind - lein ha - ben. Ja, das hat Gott zum Le - ben den Kin - dern all ge - ge - ben.

Inhalt

Alphabetische Reihenfolge der Gedichtanfänge

Bernard Lievegoed
Entwicklungsphasen des Kindes

Entwicklungsphasen
des Kindes

B. C. J. Lievegoed

J. Ch. Mellinger Verlag

12. Auflage, 148 Seiten, Softcover
ISBN 978-3-88069-123-0

Die geniale Vielseitigkeit von Professor Lievegoed, der sich sowohl als Arzt, vor allem aber als Anthroposoph der Probleme menschlicher und menschheitlicher Erziehung angenommen hat, setzt in dieser gründlichen und grundsätzlichen Arbeit über die physiologische und psychologische Entwicklung des Kindes und jungen Menschen der ersten drei Jahrsiebente eindeutig Zeichen. Sein an der Geisteswissenschaft Rudolf Steiners geschulter Blick reicht weit über die herkömmlichen Forschungsergebnisse hinaus.

Lievegoed sagt in seiner Einleitung u. a.: „In dieser Arbeit wird davon ausgegangen, daß innerhalb der menschlichen körperlichen und geistigen Lebensentfaltung eine genetische Potenzialität und außerdem eine biographische wirksam ist. Letztere offenbart sich innerhalb des Bewußtseins als das ‚ICH' (unser tiefster Wesenskern)."

Alfred Baur
Lautlehre und Logoswirken
Grundlagen der Chirophonetik

2. erweiterte Auflage,
396 Seiten,
78 Abbildungen, gebunden
ISBN 987-3-88069-251-0

Durch Chirophonetik gelangen die Laute der Sprache zu besonderer Wirksamkeit. Man kann sie wie Medikamente einsetzen. Die Strömung der Luft, wie sie bei jedem Laut anders verläuft, wird nach dem Metamorphosegesetz in einen Massagestrich verwandelt. Der Autor dieses grundlegenden Buches hat diese Behandlungsart aus ihren Anfängen heraus entwickelt. Er verwendete sie zunächst bei gravierenden Sprachverzögerungen im Kindesalter. Heute hat sich das Anwendungsgebiet wesentlich erweitert auf Verhaltensstörungen von Kindern, Schlafstörungen, psychosomatische Erkrankungen und viele andere Probleme der allgemeinen Medizin. In seiner „Schule für Chirophonetik" werden Therapeuten auf Grundlage der Menschenkunde Rudolf Steiners ausgebildet. Das vorliegende vierteilige Standardwerk über Chirophonetik gibt auf alle diesbezüglichen Fragen allgemeinverständliche Antworten und führt zugleich in ein noch wenig bekanntes Gebiet einer menschenkundlich vertieften Heilkunde ein.